MO/CDM

LE GRAND CIRQUE DE LA VIE

Desinge & **Hugo** & Cie

Les pages de cet album ont été pré-publiées dans le PSIKOPAT BANDES DESSINÉES

SOMMAIRE :

LE GRAND CIRQUE DE LA VIE
TERRE BERCEAU DE L'HUMANITÉ...
VU D'EN HAUT, C'EST BEAU, C'EST ROND, C'EST BLEU...
C'EST DIVIN.
ET QUI C'EST QUI A CRÉÉ TOUT ÇA ?
C'EST BIBI !
TOUT SEUL ! COMME UN GRAND !!
ET CROYEZ-MOI (SI JE PUIS DIRE...) C'ÉTAIT PAS DES VACANCES !!
6 JOURS !! QUI DIT MIEUX ?
UN DÉLAI DE MALADE !! EXTRÊME MAKEOVER "LES MAÇONS DU CŒUR" MAIS EN PLUS SPEED !!
J'SUIS PAS DU GENRE "BRICOLO DU DIMANCHE" MOI...
BREF, QUAND JE VOIS C'QUE VOUS EN FAITES...
BONJOUR PROZAC.
PROFITEZ-BIEN DE L'ANCIEN TESTAMENT PARCE QUE JE RISQUE PAS DE VOUS COUCHER SUR LE PROCHAIN !!
WOPOPO !! WIPIPI...
ON SE CALME ON SE CALME...
...ET ON BOIT FRAIS À ST TROPEZ...
LE PERSONNAGE QUI VIENT DE VOUS PARLER N'EXISTE PAS !! IL EST LE FRUIT "AUTORISÉ" DE L'IMAGINATION FERTILE DE L'HOMME !!

LE LAISSER VOUS EXPLIQUER LA VIE ET VOUS DONNER DES LEÇONS, REVIENDRAIT À LAISSER À UN ENFANT LE SOIN D'ÉLEVER SES PARENTS !!
PERMETTEZ-MOI DONC, DE REVENDIQUER CE RÔLE ET DE VOUS EXPLIQUER, AU NOM DE LA PHILOSOPHIE LE POURQUOI DU...
COMMENT ?
HEIN ?
QUOI ??
MOI JE N'EXISTE PAS !!
C'EST LA MEILLEURE DE L'ÉTERNITÉ CELLE-LÀ !!
ET ÇA D'APRÈS VOUS C'EST FAIT COMMENT ?
AVEC DES LED ?
PAPA ? C'EST QUOI DES LED ?
AH AH AH !! MERVEILLEUSE INNOCENCE DE L'ENFANCE !! HEUREUSEMENT QUE LES ENFANTS SONT LÀ POUR NOUS POSER LES VRAIES QUESTIONS ET NOUS RAPPELER QUE RIEN N'EST PLUS IMPORTANT QUE...
...LA FAMILLE.
CHAPITRE 1 :
LA FAMILLE
TOKYO MOTEL

PAPA, MAMAN, JE VOUS PRÉSENTE MOUSSA, MON FIANCÉ !
VOUS ALLEZ L'ADORER IL JOUE DU DJEMBÉ PIEDS NUS !
ON VA SE MARIER ET AVOIR PLEIN D'ENFANTS POUR QUE LA POLICE LE LAISSE TRANQUILLE ET PUIS ON VA MONTER UNE ÉCOLE DE DANSES AFRICAINES POUR LES HANDICAPÉS DANS LES BANLIEUES COMMUNISTES...
...ET EN PLUS IL A UNE ÉNORME BITE !!
AH ?!!
ET SINON MONSIEUR MOUSSA, À PART JOUER DU TAM TAM AVEC VOTRE BITE, VOUS FAITES QUOI DANS LA VIE ?
JE SUIS TRAFIQUANT DE DROGUE ET DE FAUX PAPIERS ET PUIS JE SAUTE LES PETITES BLANCHES POUR LEUR PIQUER LEUR HÉRITAGE !
TU VERRAIS SA BITE PAPA ! ELLE FAIT AU MOINS TROIS FOIS LA TIENNE !
HEIN MOUSSA QUE T'AS UNE GROSSE Q...
MOUSSA !?!
AAAAARGH !
OH MON DIEU !! PAPA ! MAMAN ! MOUSSA EST MORT !! IL A FAIT UNE CRISE CARDIAQUE ET S'EST ÉTOUFFÉ AVEC SON PROPRE VOMI, MAIS EN FAIT, ÇA M'A OUVERT LES YEUX... JE NE L'AIMAIS PAS DU TOUT EN FAIT... !
...EN FAIT PAPA, JE SUIS AMOUREUSE DU FILS DE TON COMPTABLE ET JE VOUDRAIS ME MARIER À L'ÉGLISE !!!
...IL FAUDRA PENSER À ACHETER DES DRAGÉES ! MAMAN !
YOUHOU !! PAPA J'TE PARLE !! TU M'ÉCOUTES ?
VOICI MOUSSA MON NOUVEAU FIANCÉ...
HEIN ?
MO/CDM 07

DOCTEUR! DOCTEUR!! C'EST.. C'EST!!.. VOUS DEVEZ M'AIDER DOCTEUR! AIDEZ-MOI!!
DU CALME! DU CALME! ASSEYEZ-VOUS ET CALMEZ-VOUS!
POUR COMMENCER, BONJOUR!
BONJOUR DOCTEUR.. EH BIEN VOILÀ, JE VIENS VOUS VOIR PARCE QUE JE SUIS ENCEINTE..
OUI ET ALORS? C'EST PAS UNE MALADIE!
JE SAIS DOCTEUR, MAIS VOILÀ JE.. JE SUIS
JE SUIS VIERGE!
ET?
ET?
HEU.. COMMENT ÇA "ET?" JE PENSAIS QUE TECHNIQUEMENT, QUAND ON EST VIERGE C'EST TRÈS DIFFICILE D'AVOIR UN BÉBÉ, NAN?
AHAH! MAAIS NOON! DÉTROMPEZ-VOUS! ÇA N'A RIEN À VOIR! REGARDEZ MOI PAR EXEMPLE, JE SUIS SCORPION ET BIN JE SUPPORTE TRÈS MAL LA CHALEUR!
MO/CDM

HEU... ÉCOUTE NICOLE... JE PRÉFÈRE TE PRÉVENIR AVANT QU'ILS ARRIVENT...
MES PARENTS SONT UN PEU BIZARRES...
COMMENT ÇA ?
DISONS QU'ILS APPARTIENNENT À LA BRANCHE LA PLUS RADICALE DES ÉCOLOGISTES DÉFENSEURS DU BIO...
ILS ONT OPÉRÉ UN RETOUR À LA TERRE ASSEZ APPUYÉ QUI PEUT LES AMENER QUELQUEFOIS À PARAÎTRE UN PEU...
COMMENT DIRE...
UN PEU TATILLONS.
LÉGUMES DE SAISON, EAU DU ROBINET, MEUBLES EN BOIS ISSUS DU COMMERCE ÉQUITABLE, CHAUFFAGE SOLAIRE...
JE VOIS PAS BIEN CE QU'ON PEUT FAIRE DE PLUS ?
MOI NON PLUS...
DING DONG !!
AH !
LES VOILÀ...
HONK HOONK !!
SHAMPOING ÉGAL NAPALM !!
?
JE VOUS LAISSE FAIRE CONNAISSANCE...
JE VAIS CUEILLIR DES RACINES POUR L'APÉRO...
SALOOOPE !!
MOLOON

LE ROYAUME DE JAPHARR. LE PLUS GRAND ET LE PLUS PUISSANT ROYAUME DES TERRITOIRES INTERDITS DE LA FORÊT DE CORDAN.
CHRONIQUES DE LA TERRE NOIRE DE KHRAN GOROL
A SA TÊTE, LE ROI DISHYL-BOURRHOÜ, FILS DE SALOMÉ ET DE NOUA-LE-DUR, BRAVE PARMI LES BRAVES.
EN CES TEMPS INCERTAINS ET VIOLENTS, LES ROYAUMES S'ALLIENT TANT BIEN QUE MAL, AVEC POUR OBJECTIF DE RENFORCER LEURS ATTRIBUTIONS. DISHYL-BOURRHOÜ, A DONC ÉPOUSÉ NOÉMIE YALIII, FILLE DE GOROUY PREMIER ET DE ZOANA.
ENSEMBLE ILS EURENT UN FILS: XOAN.
XOAN DISHYL-BOURRHOÜ, FILS DU ROI DE JAPHARR ET DE NOÉMIE YALIII, DEVINT DONC L'HÉRITIER TANT ATTENDU.
HÉRITIER DU ROYAUME DE SON PÈRE, MAIS ÉGALEMENT DE CELUI DE GOROUY PREMIER ET DE ZOANA.

OR LE ROYAUME DE ZOANA SE DIVISAIT EN SEPT PETITS DOMAINES. A L'ORIGINE, SON PÈRE (LE PÈRE DE ZOANA, LA FEMME DE GOROUY PREMIER, LE GRAND-PÈRE DE XOAN), A L'ORIGINE DONC, SON PÈRE AVAIT 7 ENFANTS.
BARRIITH, YOGHOUL LE FOU, FABRUCHY LE SAGE, DORINOÏRH, ET ZAFUUII, MOURURENT AU COMBAT DURANT LA BATAILLE SACRÉ DE DRAGOÖR. ACCABLÉ DE DOULEUR, MILOS FORDHOU (LE PÈRE DE ZOANA) REPORTA TOUT SON HÉRITAGE SUR LES DEUX SURVIVANTS, ZOANA ET SON DEMI-FRÈRE TRIBOUILY DOFA.
MAIS TRIBOUILY DOFA (QUI NE PARTAGEAIT QUE LA MOITIÉ DE SON SANG AVEC ZOANA PUISQU'IL DESCENDAIT ÉGALEMENT DE LA BRANCHE TORAFIIK DES NEVEUX DE MAKAÏLLE) ENTRETENAIT UNE HAINE SANS LIMITE ENVERS LA FILLE DE MILOS FORDHOU, QU'IL NE CONSIDÉRAIT PLUS COMME SA SOEUR.
ALORS, UNE NUIT, DANS LES COULOIRS SOMBRES DE NEVRISKAA, LA DEMEURE SECRÈTE DU FILS CACHÉ DE MILOS (QUE LES GRANDS MAÎTRES SORCIERS LUI AVAIT CONFIÉ À SA NAISSANCE), IL TENTA D'ÉTRANGLER ZABRYZA KOROOL, SA GOUVERNANTE AFIN DE DESTABILISER L'EMPEREUR.
MAIS YOÖRDHUU XAM (LE NEVEU DE NOUS PARKOV) GRAND GUERRIER MACROU, S'INTERPOSA ET RÉUSSIT À DÉJOUER LE PIÈGE QUE TRIBOUILLY DOFA AVAIT TENDU À ZABRYZA KOROOL.
DE CE FAIT, NAMIRA FALLOW, LA FILLE AÎNÉE DE ZABRYZA, VOUA UNE ADMIRATION SANS BORNE AU NEVEU DE NOUS PARKOV, LE GRAND YOÖRDHUU XAM. UNE ADMIRATION SI GRANDE QU'ELLE EN TOMBA ÉPERDUMENT AMOUREUSE.

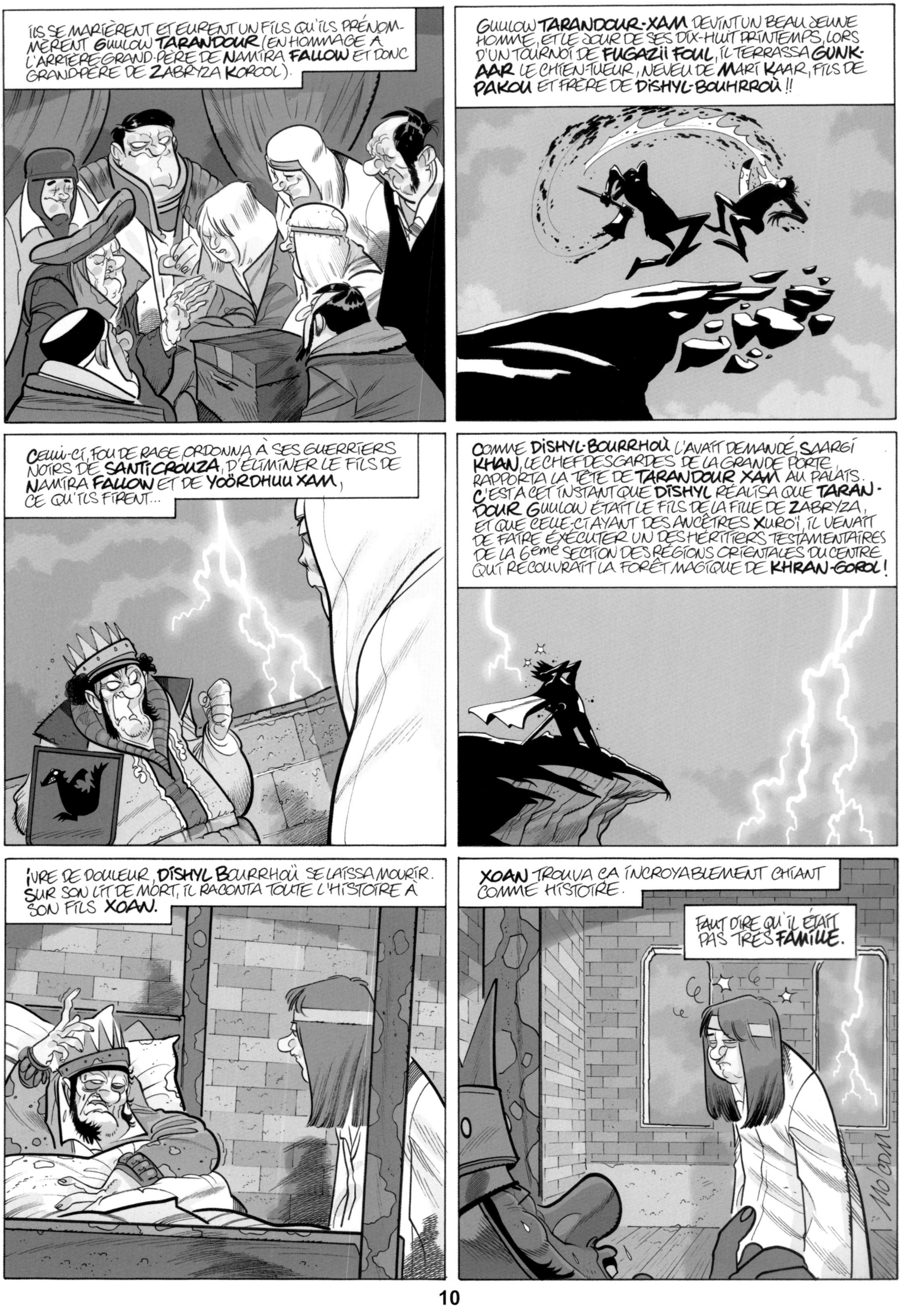
ILS SE MARIÈRENT ET EURENT UN FILS QU'ILS PRÉNOMMÈRENT GUULOW TARANDOUR (EN HOMMAGE À L'ARRIÈRE-GRAND-PÈRE DE NAMIRA FALLOW ET DONC GRAND-PÈRE DE ZABRYZA KOROOL).
GUULOW TARANDOUR-XAM DEVINT UN BEAU JEUNE HOMME, ET LE JOUR DE SES DIX-HUIT PRINTEMPS, LORS D'UN TOURNOI DE FUGAZII FOUL, IL TERRASSA GUNK-AAR LE CHIEN-TUEUR, NEVEU DE MARI KAAR, FILS DE PAKOU ET FRÈRE DE DISHYL-BOUHRROÙ !!
CELUI-CI, FOU DE RAGE, ORDONNA À SES GUERRIERS NOIRS DE SANTI CROUZA, D'ÉLIMINER LE FILS DE NAMIRA FALLOW ET DE YOÖRDHUU XAM, CE QU'ILS FIRENT...
COMME DISHYL-BOURRHOÙ L'AVAIT DEMANDÉ, SAARGI KHAN, LE CHEF DES GARDES DE LA GRANDE PORTE, RAPPORTA LA TÊTE DE TARANDOUR XAM AU PALAIS. C'EST À CET INSTANT QUE DISHYL RÉALISA QUE TARAN-DOUR GUULOW ÉTAIT LE FILS DE LA FILLE DE ZABRYZA, ET QUE CELLE-CI AYANT DES ANCÊTRES XUROÏ, IL VENAIT DE FAIRE EXÉCUTER UN DES HÉRITIERS TESTAMENTAIRES DE LA 6ème SECTION DES RÉGIONS ORIENTALES DU CENTRE QUI RECOUVRAIT LA FORÊT MAGIQUE DE KHRAN-GOROL !
IVRE DE DOULEUR, DISHYL BOURRHOÙ SE LAISSA MOURIR. SUR SON LIT DE MORT, IL RACONTA TOUTE L'HISTOIRE À SON FILS XOAN.
XOAN TROUVA ÇA INCROYABLEMENT CHIANT COMME HISTOIRE.
FAUT DIRE QU'IL ÉTAIT PAS TRÈS FAMILLE.
MO/CDM

PAPA !?
ÇA VEUT DIRE QUOI FAIRE L'AMOUR ?
HEIN !?! FAIRE L'AMOUR !?
HEU..
COMMENT T'EXPLIQUER ?!
C'EST.. HEU.. COMMENT DIRE.. ?!!
BIN C'EST QUAND TU CARRES TA TEUB BIEN PROFOND DANS LA CHATTE D'UNE MEUF POUR LA TRINGLER OU QUE TU LUI DÉFONCES LA RONDELLE EN LIMANT COMME UN MALADE...
OUF !! J'AI BIEN CRU QUE J'ALLAIS PAS TROUVER MES MOTS !!
AH LES GAMINS J'TE JURE ! ILS ONT DE CES QUESTIONS !!
AH DACCORD..
MERCI PAPA !
MO/CDM

JE VOUS ÉCOUTE CHÈRE MADAME...
EH BIEN VOILÀ DOCTEUR, JE VIENS VOUS VOIR PARCE-QUE MON PITICHIEN-CHIEN VA BIENTÔT AVOIR 5 ANS ET QU'IL NE PARLE TOUJOURS PAS !
L'AUTRE JOUR JE LUI AI MIS SES PETITS CHAUSSONS ET SA PETITE ROBE EN LAINE, JE LUI AI FAIT SON PITI BRUSHING DU WEEK-END... EH BIN RIEN !
?
PAS UN MERCI !
COMME VOUS L'AVEZ SI JUSTEMENT SOULIGNÉ À L'INSTANT CHÈRE MADAME "TICHIEN-CHIEN" EST UN CHIEN ET LES CHIENS NE PARLENT PAS !
...ET CE QUEL QUE SOIT LEUR ÂGE !
MAIS... MAIS !! C'EST IMPOSSIBLE...!!
JE... JE LUI AI CONSTRUIT UNE PETITE MAISON DE POUPÉE RIEN QUE POUR LUI, AVEC UN PITI ASPIRATEUR ET UN PITI CHEVAL ROSE POUR ALLER SE BALADER À BEVERLY HILLS AVEC SES COPINES DE BARBIE PLAGE !!
IL FAUT QU'IL PARLE DOCTEUR, SINON LES AUTRES FILLES VONT SE MOQUER DE TICHIEN-CHIEN !
ALLONS, ALLONS... ON SE CALME ET ON REPREND SES ESPRITS...
VOUS VERREZ VOUS APPRENDREZ À LE CONNAÎTRE, ET VOUS DÉCOUVRIREZ QUE LES ANIMAUX DE COMPAGNIE ONT D'AUTRES MOYENS POUR COMMUNIQUER...
MO/CDM
VOUS CROYEZ ?
PLEASE DOCTEUR... PIQUEZ-LA ! J'EN PEUX PLUS !!

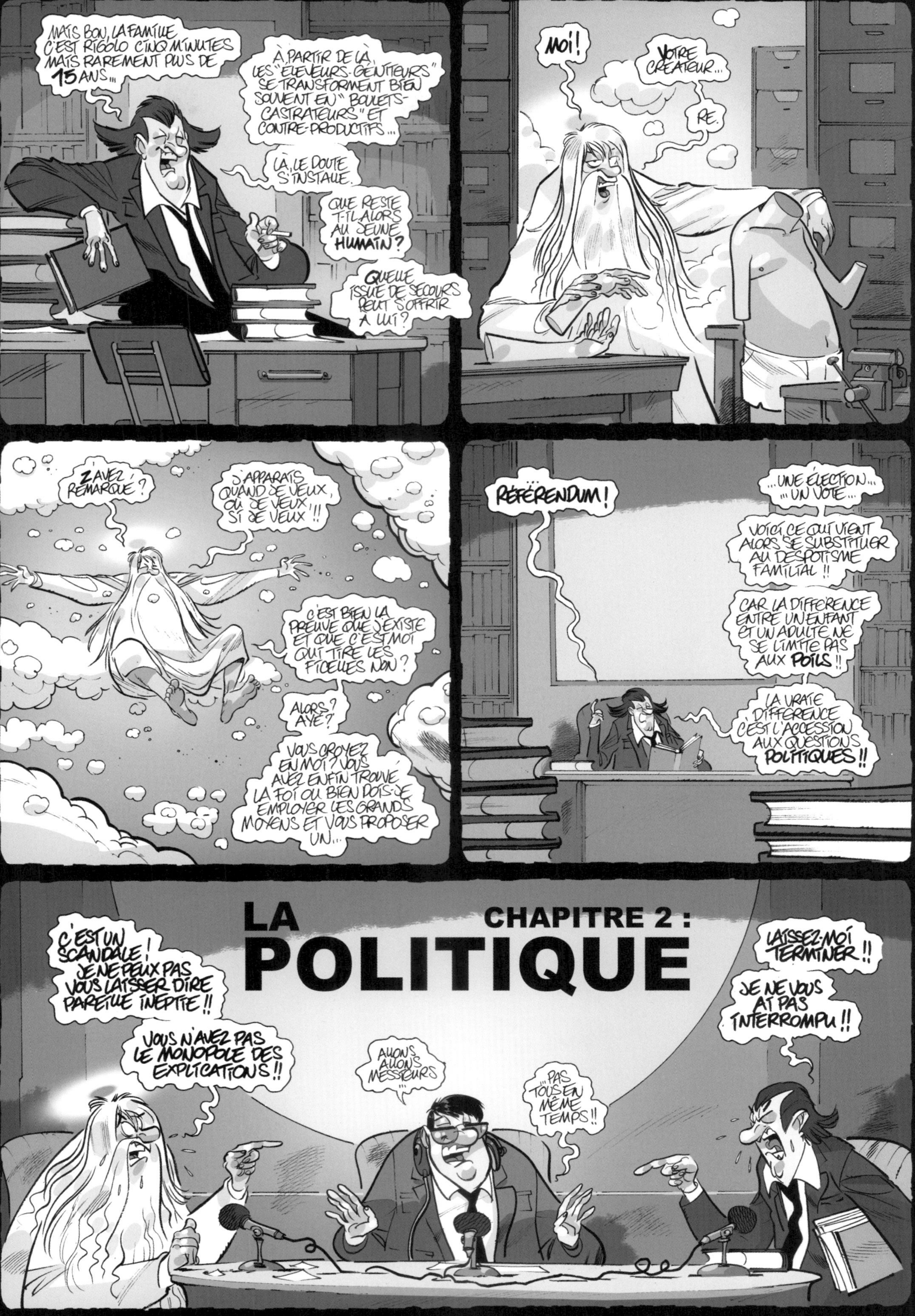
MAIS BON, LA FAMILLE C'EST RIGOLO CINQ MINUTES MAIS RAREMENT PLUS DE 15 ANS...
À PARTIR DE LÀ, LES "ÉLEVEURS-GÉNITEURS" SE TRANSFORMENT BIEN SOUVENT EN "BOULETS-CASTRATEURS" ET CONTRE-PRODUCTIFS...
LÀ, LE DOUTE S'INSTALLE.
QUE RESTE-T-IL ALORS AU JEUNE HUMAIN?
QUELLE ISSUE DE SECOURS PEUT S'OFFRIR À LUI?
MOI!
VOTRE CRÉATEUR...
RE.
Z'AVEZ REMARQUÉ?
J'APPARAIS QUAND JE VEUX, OÙ JE VEUX, SI JE VEUX!!
C'EST BIEN LA PREUVE QUE J'EXISTE ET QUE C'EST MOI QUI TIRE LES FICELLES NON?
ALORS? AYE?
VOUS CROYEZ EN MOI? VOUS AVEZ ENFIN TROUVÉ LA FOI OU BIEN DOIS-JE EMPLOYER LES GRANDS MOYENS ET VOUS PROPOSER UN...
... RÉFÉRENDUM!
... UNE ÉLECTION... ... UN VOTE...
VOICI CE QUI VIENT ALORS SE SUBSTITUER AU DESPOTISME FAMILIAL!!
CAR LA DIFFÉRENCE ENTRE UN ENFANT ET UN ADULTE NE SE LIMITE PAS AUX POILS!!
LA VRAIE DIFFÉRENCE C'EST L'ACCESSION AUX QUESTIONS POLITIQUES!!
LA POLITIQUE
CHAPITRE 2 :
C'EST UN SCANDALE! JE NE PEUX PAS VOUS LAISSER DIRE PAREILLE INEPTIE!!
VOUS N'AVEZ PAS LE MONOPOLE DES EXPLICATIONS!!
ALLONS ALLONS MESSIEURS ...
... PAS TOUS EN MÊME TEMPS!!
LAISSEZ-MOI TERMINER!!
JE NE VOUS AI PAS INTERROMPU!!

...CAR CETTE CONFIANCE ET CETTE LÉGITIMITÉ QUE VOUS VENEZ DE M'ACCORDER PAR CETTE VICTOIRE SONT AUTANT DE SIGNES D'ENCOURAGEMENT À TENIR MES PROMESSES ÉLECTORALES !!
DES PROMESSES QUI SERONT BIENTÔT DES RÉALITÉS CONCRÈTES !!
BAISSE RADICALE DU CHÔMAGE POUR LES JEUNES, LES SENIORS LES SANS QUALIFICATIONS...
AUGMENTATION SPECTACULAIRE DU POUVOIR D'ACHAT...
OUI !!!! JE L'AFFIRME !!!
DAVANTAGE DE MOYENS POUR LA SANTÉ...
DE NOUVELLES CRÈCHES...
DE NOUVELLES ÉCOLES...
DE NOUVELLES UNIVERSITÉS !!
OUI !!!! JE VOUS LE CONFIRME !!
DES RETRAITES REVALORISÉES POUR TOUS...
DES MILLIERS, VOIR DES MILLIONS DE LOGEMENTS SOCIAUX SUPPLÉMENTAIRES !!
JE M'Y ENGAAAGE !!
ÉGALITÉ DES CHANCES, BAISSE DES IMPÔTS, INTERDICTION DE LICENCIER POUR LES ENTREPRISES BÉNÉFICIAIRES, SUPPRESSION DE LA TVA, GRATUITÉ DES TRANSPORTS, PRIME DE NOËL, ALLONGEMENT DU CONGÉ PATERNITÉ...
PROMIS JURÉ !!!
MO/CDM
ALORS ? QUE FAIT VOTRE TIREUR ? POURQUOI NE M'A-T-IL PAS ENCORE ASSASSINÉ ?
ÇA VIENT MONSIEUR LE PRÉSIDENT...
ÇA VIENT...

PAPA ? COMMENT QU'ON SAIT SI ON EST DE GAUCHE OU DE DROITE ?
AH AH ! C'EST TRÈS SIMPLE FISTON...
SI T'ES RICHE T'ES DE DROITE ET SI T'ES PAUVRE T'ES DE GAUCHE !
MAIS SI PAR EXEMPLE JE SERAIS RICHE MAIS JE VOUDRAIS QUAND MÊME ÊTRE DE GAUCHE !?
C'EST TRÈS SIMPLE ! QUAND TU DEVIENS RICHE, TU CONTINUES DE DIRE QUE TU ES DE GAUCHE MAIS TU VOTES À DROITE...
MAIS SI JAMAIS ON DÉCOUVRE QUE TU ES DEVENU DE DROITE ?
ALORS TU N'AS PLUS À TE CACHER POUR VOTER À DROITE ET TU PEUX CONTINUER DE T'ENRICHIR TRANQUILLEMENT CAR LA DROITE S'OCCUPE DE TOUT.
COMMENT ÇA ?
TU PAYES MOINS D'IMPÔT SUR LA FORTUNE, MOINS DE FRAIS DE SUCCESSION, TU AS PLEIN DE DIVIDENDES BOURSIERS ET D'AVANTAGES FISCAUX ETC..
MAIS SI JAMAIS TU FAIS FAILLITE ET QUE LE SYSTÈME CAPITALISTE ULTRA LIBÉRAL QUE TU AS CONTRIBUÉ À METTRE EN PLACE SE RETOURNE CONTRE TOI ET TE LA FOUT BIEN PROFOND, TU FAIS QUOI ?
BON ! ALLEZ ! HOP AU LIT !!
JE CROIS QUE LE PETIT COMMENCE À SE DOUTER DE QUELQUE CHOSE !
MO/CDM 07

MONSIEUR DÉSIRE-T-IL QUE JE LUI PRÉPARE UN THÉ VERT ?
NAAAAN... J'AIME PAS ÇA...
J'M'ENNUIE, J'M'EMMERDE J'CHAIS PAS QUOI FAIRE !!
MONSIEUR VEUT-IL QUE JE SORTE LA FERRARI POUR UNE BALADE EN BORD DE MER ?
NAAAAANN !! ÇA ME GONFLE LE BORD DE MER !! J'CONNAIS PAR CŒUR !!!
ALORS UN ALLER-RETOUR À NEW-YORK POUR UN PEU DE SHOPPING SUR LA 5ème AVENUE ?
DU SHOPPING !? POUR M'ACHETER QUOI ?
J'AI TOUT BORDEL !! J'AI DÉJÀ TOUT !!
TU COMPRENDS TÊTE DE PINE ?!!
NAAAN... TU COMPRENDS PAS HEIN ? TU COMPRENDS RIEN PARCE QUE TU ES PAUVRE ET QUE MOI NON !!
J'AI DU POGNON À NE SAVOIR QU'EN FAIRE TU VOIS, ALORS QUE TOI !!
T'AS VRAIMENT RIEN !!
J'AI, J'AI J'AI... J'AI !! TOI, NON !
ÇA VA COMME ÇA MONSIEUR ?
CE FUT ASSEZ CONVAINCANT ?
OUI. OUI. J'AI JOUI
TENEZ ! REPRENEZ VOTRE PLATEAU...
ET MAINTENANT JE VOUDRAIS FAIRE SEMBLANT DE FAIRE LE MÉNAGE À VOTRE PLACE...
À VOTRE SERVICE MONSIEUR.
TARÉ.

ET VOILÀ !
IL EST PAS PRÊT DE ME REFAIRE UNE ANALYSE D'URINE CELUI-LÀ !
MO/CDM

BOBBY.. PEUX-TU NOUS EN DIRE PLUS SUR TON PROGRAMME PRÉSIDENTIEL EN CAS DE VICTOIRE ?
BIEN SÛR BROTHER.
SUPPRESSION DE TOUS LES IMPÔTS.. ARRÊT COMPLET DU NUCLÉAIRE DISSOLUTION DE L'ARMÉE FRANÇAISE ANNULATION DE TOUTES LES DETTES DU TIERS-MONDE..
RÉGULARISATION DE TOUS LES SANS-PAPIERS, LÉGALISATION DE TOUTES LES DROGUES, ÉCOLE ET TRAVAIL FACULTATIFS, DISTRIBUTION GRATUITE DE NOURRITURE, ORGANISATION DE TEUFS GÉANTES TOUS LES SOIRS DE LA SEMAINE..
ET LES PUTES?
GRATOS?
NON BROTHER. CETTE MESURE N'EST PAS A L'ORDRE DU JOUR.
FACHO!
FREEDOM
PARTI DE LA LIBERTE
MO/CDM

IDENTITÉ NATIONALE
COUPLE DE FRANÇAIS DANS SON MILIEU NATUREL
DÉFENSE DE NOURRIR OU DE TOUCHER.
MO/CDM

CHERS PARENTS.
JE SUIS BIEN ARRIVÉ À KABOUL ET DÉJÀ EN MISSION. LES COPAINS ET MOI-MÊME, NOUS SOMMES VU CONFIER UNE MISSION DONT NOUS IGNORONS TOTALEMENT L'OBJECTIF.
IL SEMBLE QUE NOUS AYONS À QUADRILLER UNE ZONE TRIBALE INCONNUE, DONT NOUS NE CONNAISSONS PAS LES LIMITES EXACTES ET DONT L'AUTORITÉ DE CONTRÔLE NOUS ÉCHAPPE COMPLÈTEMENT.
LES AFGHANS QUE NOUS CROISONS QUI IGNORENT TOUT DE NOUS ET DONT NOUS IGNORONS, TOUT, NE SAVENT RIEN DE NOS ACTIONS IMPROVISÉES DONT LES RÉPERCUTIONS LEUR ÉCHAPPENT ET QUE NOUS NE CONNAISSONS PAS NON PLUS.
LA DURÉE, LE DÉROULEMENT ET LA FINALITÉ DE CETTE OPÉRATION RESTENT À DÉFINIR DANS UN DÉLAI PAS ENCORE ARRÊTÉ. NOUS SAVONS DONC QUE NOUS IGNORONS COMBIEN DE TEMPS NOUS AURONS À EFFECTUER CES DÉPLACEMENTS QUE PERSONNE NE SEMBLE POUVOIR EXPLIQUER.
DIFFICILE DANS CES CONDITIONS DE TENTER DE QUESTIONNER NOS SUPÉRIEURS, INCAPABLES DE DONNER DES RÉPONSES À DES QUESTIONS QUE NOUS NE SOMMES PAS EN MESURE DE FORMULER.
JE VOUS EMBRASSE BIEN FORT.
SIGNÉ : FRED.
TU VOIS, TON FRÈRE, LUI AU MOINS IL SAIT CE QU'IL FAIT DE SA VIE ...
OUAIP OUAIP !!!
JE SAIS !!!
Molenn

LA TERRE
IL Y A 2,5 MILLIARDS D'ANNÉES.
DE SIMPLES CELLULES D'ORGANISMES PROCARYOTIQUES MOYENNEMENT DÉGROSSIES, OCCUPENT LE TERRAIN. ON LES APPELLE DES BACTÉRIES.
EN CETTE ÉPOQUE LOINTAINE ET SAUVAGE, LA JUSTICE N'A PAS ENCORE DE NOM, NI MÊME DE CODE JURIDIQUE BIEN DÉFINI. EN CAS DE LITIGE, LES BACTÉRIES NE PEUVENT COMPTER QUE SUR ELLES-MÊMES.
PAS DE PALAIS DE JUSTICE, PAS DE GREFFIERS, PAS DE POLICE SCIENTIFIQUE.
ACCUSÉ LEVEZ-VOUS.
HEU...
PAS DE JAMBES NON PLUS.
BON. PEU IMPORTE... RESTEZ COUCHÉ.
MO/CDM

UNE CONSCIENCE POLITIQUE QUI S'ÉTIOLE :
1968
CRS SS !
1973
MESSMER ASSASSIN !
LIP EN GRÈVE
1986
DEVAQUET ENFOIRÉ !
1995
JUPPÉ ENCULÉ !!
2007
SARKO FACHO !
J..J..JE VAIS BIENTOT MOURIR FISTON !! PRO..PRO..PROMETS-MOI DE CONTINUER LE..LE LE COMBAT !! RÉCLAME T..TA PART DU G..GATEAU !!
OUI, OUI, NE T'INQUIÈTE PAS POUR ÇA PAPA..
J'AI UN TWIX DANS MA POCHE !
MO/CDM 07.

ALLONS-Y MESSIEURS, JE VOUS ÉCOUTE...
QU'EST-CE QU'ON A COMME PAPIERS CE MATIN?
MICHEL TU COMMENCES?
OK
J'AI QUATRE FEUILLETS SUR LES QUESTIONS NON-RÉSOLUES DU SOMMET SOCIAL QUANT À LA LÉGISLATION RELATIVE AU DOSSIER DES RETRAITES...
POUR MA PART J'AI PLANCHÉ SUR LA PARTICIPATION DES POUVOIRS PUBLICS VISANT À AIDER "LES MOUVEMENTS D'INSERTION PROFESSIONNELLE DES PERSONNES HANDICAPÉES...
MON ARTICLE PORTE SUR LA CONCERTATION AUTOUR DE L'AGRICULTURE BIOLOGIQUE EUROPÉENNE EN VUE DE SA PUBLICATION AU JOURNAL OFFICIEL...
J'AI UNE PHOTO DE MONICA BELLUCI QUI DESCEND DE SA PORSCHE ET ON Y VOIT UN PEU SA CHATTE!
DÉDÉ, TU PRENDS LA "UNE" EN PLEINE PAGE COULEURS!
OUAIP! GÉNIAL!!
J'AI ENCORE GAGNÉ!!
MO/CDM

ALORS CES NÉGOCIATIONS POUR TA RETRAITE, ÇA SE PASSE BIEN ?
IMPEC. JE VAIS TOUCHER 300% DE MON SALAIRE...
ET LA VOITURE DE FONCTION, TU LA GARDES ?
OUAIP.
AVEC 1000€ D'ESSENCE PAR TRIMESTRE.
J'AI ÉGALEMENT OBTENU D'EMPORTER MON ORDI ET MA CHAISE, LES CLUBS DE GOLF DU PATRON, SES RAQUETTES DE TENNIS, LE TABLEAU QUI ÉTAIT DANS SON BUREAU ET J'AI AUSSI LE DROIT DE BAISER CINQ FOIS SA FEMME...
PAS MAL.
ET LES CARNETS DE TICKETS RESTAU À 50 EUROS ?
AH MERDE !!
J'AI OUBLIÉ ÇA !!
ET DES TICKETS RESTAU A 60 EUROS.
ACCORDÉ...
MO/CDM

À PROPOS MOUSSA ? VOUS ÊTES D'OÙ VOUS ?
VOUS ÊTES QUOI ?
BIN J'SUIS FRANÇAIS.
OUI MAIS AVANT D'ÊTRE FRANÇAIS ? C'EST QUI VOTRE VRAI PAYS ?
L'AFRICA ?
MES ARRIÈRE-GRANDS-PARENTS VENAIENT DU MALI.
OUAH ! GÉNIAL ! J'ADORE LE MALI ! LE SOLEIL, LES COCOTIERS, LES PLAGES DE SABLE NOIR ! LES VAHINÉS À UN SEUL SEIN QUI TIRENT À L'ARC ET QUI SCULPTENT DES COLLIERS DE FLEURS LE LONG DU KILIMANDJARO !
ET LES DRUIDES QUI CHASSENT LES TORTUES GÉANTES POUR FAIRE DES TIPIS !
ÇA VOUS MANQUE PAS TROP TOUT ÇA ?
LES NOIX DE COCO TOUT ÇA ?
PAS VRAIMENT J'Y AI JAMAIS MIS LES PIEDS.
PAR CONTRE VOUS, VOUS SEMBLEZ BIEN RENSEIGNÉ !
FASTOCHE ! AVEC WIKIPÉDIA Y'A PLUS DE FRONTIÈRES !
ON VOYAGE SANS BOUGER DE CHEZ SOI !
OUAIP. C'EST PEUT-ÊTRE CE QUE J'AURAIS DÛ FAIRE.
MO/CDM

ET SOUDAIN, EN PLEINE NUIT...
38 ANS DÉJÀ..!!
MAIS, QU'AI-JE DONC FAIT DE MA JEUNESSE, OÙ SONT PASSÉS MES IDÉAUX D'ANTAN !?
MOI, QUAND JE SERAI ADULTE, JE CREUSERAI DES PUITS EN AFRIQUE, J'ADOPTERAI DES TAS D'ENFANTS DE TOUTES LES COULEURS QUI AURONT LE DROIT DE DESSINER SUR LES MURS DE MON APPART' QUI SERA OUVERT À TOUS 24H/24H ET JE MOURRAI JEUNE AFIN D'ÊTRE CERTAIN DE NE PAS AVOIR LE TEMPS DE DEVENIR UN VIEUX CON RÉAC !!
ET TOI ?
MOI JE M'OCCUPERAI QUE DE MA GUEULE, JE ME FERAI UN MAX DE POGNON, J'AURAI UN SEUL MÔME, MON APPARTEMENT SERA SUPER BIEN RANGÉ, JE VOTERAI À DROITE ET J'AURAI UNE HYGIÈNE DE VIE TRÈS STRICTE AFIN D'ÊTRE CERTAIN DE VIVRE LE PLUS LONGTEMPS POSSIBLE...
C'EST SÛR QUE LUI IL DOIT SUPER BIEN DORMIR À L'HEURE QU'IL EST...
MO/CDM

PAS BRILLANT BRILLANT TOUT ÇA !
BEAUCOUP DE BRUIT POUR RIEN...
ADIEU RÉFLEXION BONJOUR FORNICATION !
VOUS CONVOITEZ PLUS LA FEMME DE VOTRE VOISIN QUE SA BIBLIOTHÈQUE...
SI J'AVAIS SU JE VOUS AURAIS CRÉÉS HERMAPHRODITES COMME LES ESCARGOTS !!
PAS DE SEXE DONC PAS DE GUERRES DONC PAS DE FAMINES...
VOUS MANGERIEZ TOUS DE BONNES GROSSES...
...SALADES, TOUT ÇA C'EST DES SALADES...
LE SEXE NE DOIT PAS ÊTRE ASSOCIÉ À LA MORT OU À LA DESTRUCTION...(À L'ALCOOL ÉVENTUELLEMENT !)
LE SEXE ET LE DÉSIR, C'EST LA VIE C'EST L'AMOUR C'EST LA LIBERTÉ !
LE SEXE DOIT ÊTRE PRIS À BRAS-LE-CORPS CAR IL EST À L'ESPÈCE HUMAINE CE QUE LE TOAST EST AU GRILLE-PAIN...
...UNE BONNE RAISON D'EXISTER !
CHAPITRE 3 : SEXE ET DESIR
J'ENTENDS PAS, J'ENTENDS PAS, J'ENTENDS PAS...

MO/CDM

BON MA BEAUTÉ... J'TE LAISSE... ON M'ATTEND À UN VERNISSAGE...
OK STEVE... C'EST SUPER DE T'AVOIR CROISÉ...
FAUT ABSOLUMENT QU'ON SE FASSE UNE BOUFFE...
C'ÉTAIT MON EX !!
J'AVAIS COMPRIS...
AH LALA !! UN TYPE VRAIMENT GÉNIAL, DRÔLE, INTELLIGENT AVEC QUATRE IDÉES À LA SECONDE !
SINCÈREMENT JE SAIS PAS COMMENT IL FAISAIT... TOUJOURS À FAIRE VINGT TRUCS EN MÊME TEMPS, DE L'ARTISTIQUE, DE L'HUMANITAIRE OU DU BIZNESS...
VACHEMENT ANCRÉ DANS SON ÉPOQUE, TU VOIS ?
BRANCHÉ NOUVELLES TECHNOLOGIES, HYPER AU COURANT QUESTION MUSIQUE, ET FRINGUES !
ET PUIS ALORS AU LIT... C'ÉTAIT QUELQUE CHOSE ! J'AI JAMAIS CONNU ÇA AILLEURS !
ENFIN... J'VEUX DIRE... J'TE COMPARE PAS HEIN... C'ÉTAIT... COMMENT DIRE...
C'ÉTAIT DIFFÉRENT.
TU COMPRENDS HEIN ?
OUI, OUI JE COMPRENDS...
PAR CONTRE CE QUE JE COMPRENDS PAS TRÈS BIEN C'EST POURQUOI, TU AS QUITTÉ CET HOMME PARFAIT ?
AH.
BIN IL PARLAIT TOUJOURS DE SON EX...
... JE SUPPORTAIS PAS.
MO/CDM

VAS-Y.. TOURNE-TOI...
TU SAIS QUE TU AS UNE PERSONNALITÉ FAITE POUR LE CINÉMA TOI ALORS !!
C'EST VRAI ?
ÇA TE DIRAIT DE DEVENIR UNE STAR ?
OH OUI !!
QU'EST-CE QU'IL FAUT QUE J'FAIS ?
C'EST SIMPLE.
TU T'ALLONGES, TU ÉCARTES LES JAMBES ET JE M'OCCUPE DU RESTE.
ET C'EST TOUT ?
C'EST TOUT.
OUAH !! C'EST HYPER FASTOCHE EN FAIT !
MOI QUI CROYAIS QU'IL FALLAIT COUCHER OU CE GENRE DE TRUCS...
GRANDE...
...TRÉS GRANDE STAR...

BONJOUR MADAME... C'EST LE FACTEUR... UNE LETTRE POUR VOUS...
AH... TRÈS BIEN.. ENTREZ...
VOUS PRENDREZ BIEN UN P'TIT CAFÉ ?
CE N'EST PAS DE REFUS M'DAME...
T'AIME ÇA HEIN VIEILLE PUTE !! ET ÇA TOMBE BIEN PARCE QUE C'EST AUSSI NOTRE MISSION DE SERVICE PUBLIC QUE DE DÉFONCER DE GROSSES COCHON-NES COMME TOI !!
OH OUI !! OUIIIII !!!!
HEIN ?
QUOI ?
ÇA VA MADAME ?
OUI, DONC JE DISAIS, C'EST AUSSI NOTRE MISSION DE SERVICE PUBLIC QUE DE S'ASSURER QUE LES PERSONNES ISOLÉES VONT BIEN ET NE MANQUENT DE RIEN...

SI TU NE MANGES PAS TA SOUPE, JE TÉLÉPHONE À VANESSA PARADIS ET JE LUI DIS QUE TU NE L'AIMES PLUS !
T'AS MÊME PAS SON NUMÉRO !
ALLO ?
VANESSA PARADIS ?
?
JE VOUS APPELLE POUR VOUS DIRE QUE MA FILLE NE VOUS AIME PLUS !
ELLE TROUVE QUE VOUS CHANTEZ MOINS BIEN QU'AVANT ET QUE VOUS AVEZ GROSSI.
M... MAMAN !!? QU'EST-CE QUE TU FAIS ?!!
ELLE ME DIT DE VOUS DIRE QUE MAINTENANT ELLE PRÉFÈRE DIAM'S !
OH NON MAMAN ! PITIÉ ! ARRÊTE !! JE T'EN SUPPLIE !
JE VAIS MANGER MA SOUPE !
PITIÉ ! ARRÊTE !!
OH MON DIEU !! J'AI ENTENDU UN COUP DE FEU ! JE CROIS QUE VANESSA N'A PAS SUPPORTÉ QUE TU LA TRAHISSES, ET QU'ELLE S'EST TIRÉ UNE BALLE DANS LA BOUCHE !!
?
ALORS MAINTENANT QU'ELLE S'EST SUICIDÉE À CAUSE DE TOI, TU AS INTÉRÊT À MANGER TA SOUPE, HEIN ?
PUTAIN !!
JOHNNY DEPP EST LIBRE !!
MO/CDM 07

ARRÊTE DE FLIPPER ! PUISQUE J'TE DIS QUE TOUTES LES SORTES DE FILLES SONT SUR LE NET..
Y'A FORCÉMENT UNE GONZESSE POUR TOI !
ÇA M'ÉTONNERAIT.. J'SUIS HYPER DIFFICILE !
TU RIGOLES ! J'TE PARIE UNE PIZZA, QUE LA FEMME DE TA VIE T'ATTEND, DE L'AUTRE CÔTÉ DE CET ÉCRAN..
DIS-MOI..
COMMENT L'IMAGINES-TU ?
HEU.. DISONS QUE JE CHERCHE UNE FILLE BRUNE, BLONDE OU CHATAIN, GENRE SYMPA, QUI AIME LA MUSIQUE ET LES VOYAGES, AGÉE DE 30 À 50 ANS, HABITANT EN RÉGION PARISIENNE..
PAAARRFAIT ! JE TAPE TOUT ÇA.. ET..
ET..
ET VOI...
ET VOILÀ !! 6739 RÉPONSES !!
ALORS? QU'EST-CE QUE J'TE DISAIS !
ATTEND, J'AVAIS PAS FINI. "HABITANT EN RÉGION PARISIENNE ET ACCEPTANT DE CONSTRUIRE SA VIE AVEC UN PETIT GROS POILU VIVANT AVEC SA MÈRE.
ALORS ?
COMBIEN DE RÉPONSES ?
CLIC !
JE CONNAIS UNE PIZZERIA AU FEU DE BOIS À 10 MINUTES D'ICI TU M'EN DIRAS DES NOUVELLES !

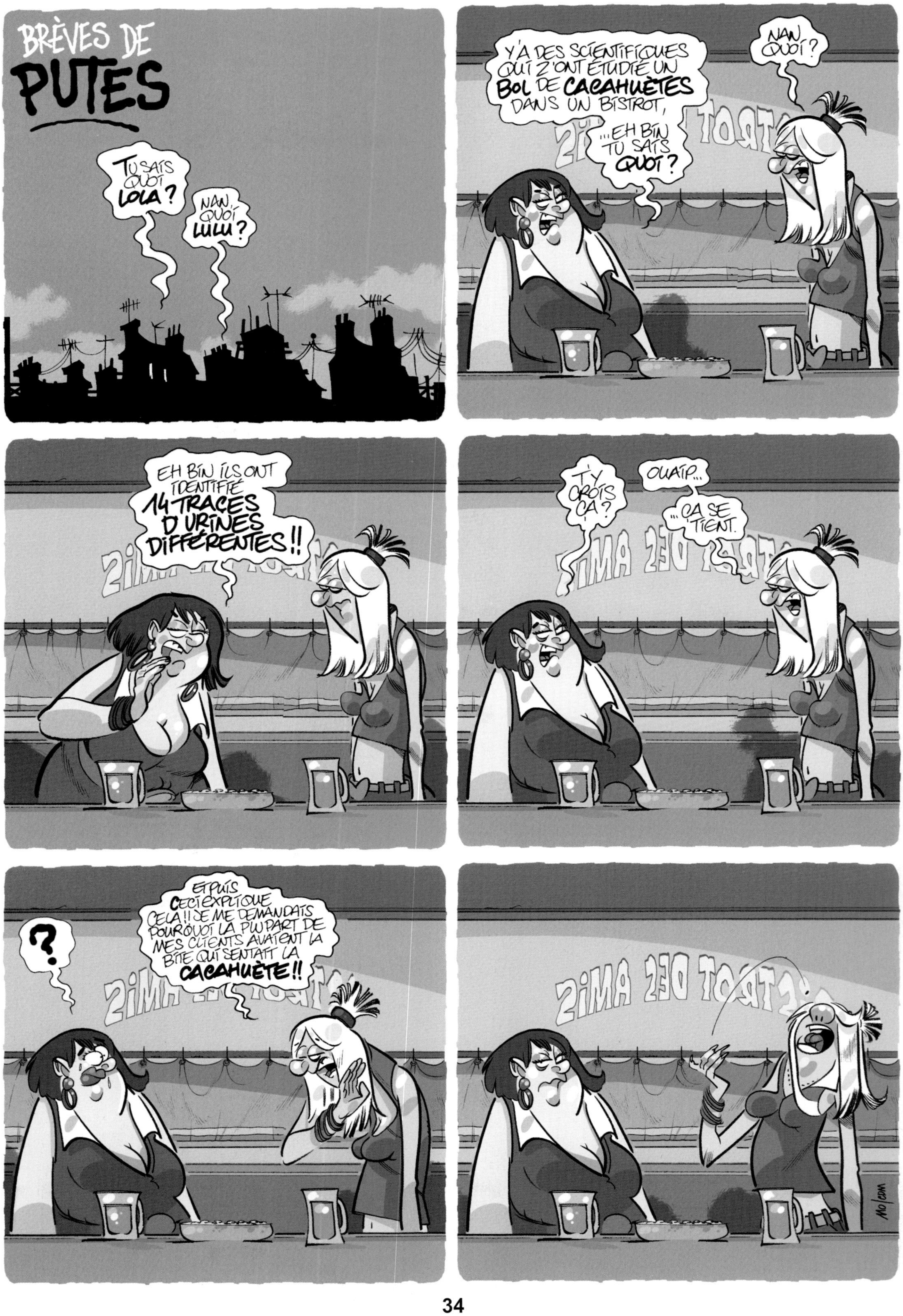
BRÈVES DE PUTES
TU SAIS QUOI LOLA ?
NAN, QUOI LULU ?
Y'A DES SCIENTIFIQUES QUI Z'ONT ÉTUDIÉ UN BOL DE CACAHUÈTES DANS UN BISTROT,
NAN, QUOI ?
...EH BIN TU SAIS QUOI ?
EH BIN ILS ONT IDENTIFIÉ 14 TRACES D'URINES DIFFÉRENTES !!
T'Y CROIS ÇA ?
OUAIP...
...ÇA SE TIENT.
?
ET PUIS CECI EXPLIQUE CELA !! JE ME DEMANDAIS POURQUOI LA PLUPART DE MES CLIENTS AVAIENT LA BITE QUI SENTAIT LA CACAHUÈTE !!
MO/CDM

JE SAIS.
JE SAIS CE QU'IL VOUS FAUDRAIT POUR VOUS CALMER...
UNE GUERRE...
...UNE BONNE GROSSE MOTHER FUCKER DE GUERRE !
ATTENTION HEIN ? JE VOUS PARLE PAS D'UNE GUERROUNETTE À DEUX CAMPS AVEC VAGUE SOLUTION DIPLOMATIQUE EN BOUT DE COURSE HEIN ?
JE VOUS PARLE DE QUELQUE CHOSE DE PLUS GLOBAL...
UNE GUERRE CONTRE LE TEMPS...
...UNE GUERRE CONTRE VOUS-MÊME CONTRE VOTRE EXISTENCE COMME...
LA FIN DU MONDE !
VOILÀ CE QUI NOUS ATTEND DE TOUTE FAÇON !! LE RETOUR AU NÉANT !
ÉPIDÉMIES, COMÈTES GÉANTES, GUERRE NUCLÉAIRE...
...PEU IMPORTE LE MENU, ON FINIRA TOUS PAR MANGER GRATOS !!
ET APRÈS TOUT POURQUOI PAS !?
À BIEN Y RÉFLÉCHIR, QU'Y A-T-IL DE PLUS FASTIDIEUX QUE L'ÉTERNITÉ ?
QU'Y A-T-IL DE PLUS CASSE-COUILLES QU'UN TRAJET SANS POINT DE DÉPART, NI LIGNE D'ARRIVÉE ?
ALORS MOI, JE PERSISTE, JE SURVIS ET JE SIGNE EN DISANT...
CHAPITRE 4 :
LA FIN DU MONDE
FIN DU MONDE !
TOUT LE MONDE DESCEND...

ALORS PRISCILLA ? VOUS VENEZ AVEC MOI ?
OÙ ALLEZ-VOUS PROFESSEUR ?
"QUAND ALLEZ-VOUS ?" SERAIT PLUS APPROPRIÉ... GRACE A MA MACHINE À VOYAGER DANS LE TEMPS, JE QUITTE CETTE EPOQUE DE MERDE POUR DES LENDEMAINS QUI CHANTENT !
TIME MACHINE
JE M'CASSE EN 2098 !
2098 ?
PARFAITEMENT ! D'APRÉS MES CALCULS, C'EST A CETTE DATE QUE LES GUERRES AURONT CESSÉ !! VOUS VOUS RENDEZ COMPTE ?
LA FAMINE NE SERA PLUS, LA MALADIE SERA VAINCUE, LE SIDA SERA GUERI, IL N'Y AURA PLUS DE SUICIDES, PLUS D'ACCIDENTS, PLUS DE CRIMES !
NOUS VIVERONS TOUS JUSQU'À 200 ANS EN FAISANT L'AMOUR SOUS LES COCOTIERS !
EN EFFET, C'EST TENTANT !
ALORS ALLONS-Y !
TIME MACHINE
BON.
ESSAYONS DE TROUVER UN COCOTIER.
TIME MACHINE

AH AH AH ! ENFIN !! J'AI RÉUSSI !!
J'AI TERMINÉ L'INSTALLATION DU PLUS PUISSANT ORDINATEUR DE TOUS LES TEMPS !!
JE VAIS POUVOIR COURT-CIRCUITER TOUS LES TERMINAUX INFOR-MATIQUES DE LA PLANÈTE !!
... JE VAIS DÉTOURNER DES OGIVES NUCLÉAIRES, EFFACER DES BANQUES DE DONNÉES ENTIÈRES, ANNIHILER TOUS LEURS SYSTÈMES DE COMMUNICATION ET DEVENIR...
... LE MAÎTRE DU MONDE !!
AH AH AH AH AH AH !!
... ET RIEN NI PERSONNE NE POURRA M'ARRÊTER !!
AH AH AH AH AH !!
SURCOUF SERVICE APRES VENTE
AH BIN C'EST NORMAL QUE ÇA NE MARCHE PAS, VOTRE MATÉRIEL EST OBSOLÈTE, IL A PLUS DE DEUX MOIS.
AH ?

CETTE FOIS-CI JE CROIS QUE C'EST MORT !
LES SECOURS NE NOUS TROUVERONT JAMAIS..
TU CROIS ?
MERDE ! JE SENS QUE ÇA VA GUEULER !
HEU.. ALLO CHÉRIE ? C'EST MOI. HEU COMMENT TE DIRE..?! ON VA DEVOIR ANNULER NOTRE DÎNER DE SAMEDI SOIR..
?
JE SUIS ACTUELLEMENT PORTÉ DISPARU EN HAUTE MONTAGNE ET NOUS AVONS TRÈS PEU DE CHANCE D'ÊTRE SECOURU..
MAIS QUEL CRÉTIN !! CE DÉBILE A UN PORTABLE QUI CAPTE, ET ON VIENT DE PASSER TROIS JOURS À MOURIR À PETIT FEU !!
HEU OUI ? JE VOIS PAS LE RAPPORT ?
LE RAPPORT TÊTE DE PINE, C'EST QUE NOUS AURIONS PU PRÉVENIR LES SAUVETEURS QUE NOUS SOMMES COINCÉS ICI !!
TU DEVAIS DÎNER AVEC EUX ?

VOICI LA SITUATION MONSIEUR LE PRÉSIDENT: DES BLOCS DE GLACE GIGANTESQUES SE DÉTACHENT DES PÔLES, ET SI NOUS N'AGISSONS PAS, ILS VIENDRONT S'AJOUTER À CEUX QUI DÉRIVENT DÉJÀ AU COEUR DE L'OCÉAN...
LA QUASI-TOTALITÉ DES ZONES CÔTIÈRES SERA ALORS IMMERGÉE SOUS VINGT MÈTRES D'EAU AU COURS DES QUARANTE PROCHAINES ANNÉES...
CES PROFONDES MODIFICATIONS CARTOGRAPHIQUES JETTERONT SUR LES ROUTES DU DÉSESPOIR, DES MILLIONS DE FEMMES, D'HOMMES ET D'ENFANTS !
QUAND AU RESTE DU MONDE, IL NE SERA PLUS QU'UN DÉSERT BRÛLANT, À CÔTÉ DUQUEL LA VALLÉE DE LA MORT S'APPARENTERA AU JARDIN DES PLANTES !
L'AIR DEVIENDRA SUF...
PARLEZ PLUS BAS PROFESSEUR..
LE PRÉSIDENT S'EST ENDORMI...
RRRRR RZZRRZZ RZZ..
MO/CDM

ÉCOUTEZ-MOI TRÈS ATTENTIVEMENT MONSIEUR LE PRÉSIDENT...
IL M'AURA DONC FALLU 38 ANS MAIS J'AI RÉUSSI, J'AI RÉSOLU L'ÉNIGME VOUS COMPRENEZ ?
CE COMPLOT DIABOLIQUE N'A PLUS DE SECRET POUR MOI !
JE SAIS QUI A TUÉ KENNEDY À DALLAS EN 1963 !!
JE VOULAIS JUSTE VOUS PRÉVENIR AVANT LA PRESSE À QUI JE VAIS REMETTRE TOUTES MES CONCLUSIONS !
CETTE HISTOIRE VA FAIRE DU BRUIT, CROYEZ-MOI, ELLE AURA L'EFFET D'UNE BOM...
?
ALLO MONSIEUR LE NANO-BIO-PRÉSIDENT,
MON ENQUÊTE EST TERMINÉE, JE SAIS EXACTEMENT CE QUI S'EST PASSÉ À NEW-YORK IL Y A 42 ANS, LE 11 SEPT 20....
?
MO/CDM

J'ÉTAIS TRANQUILLEMENT EN TRAIN DE TRAVAILLER AUX CHAMPS COMME UN MALADE QUAND SOUDAIN UN OVNI DE L'ESPACE S'EST POINTÉ AU-DESSUS DE MOI !
ON AURAIT DIT QU'IL RESSEMBLAIT À UNE OLIVE MAIS PAS DÉNOYAUTÉE...
?
C'EST LÀ QU'ILS ONT ENVOYÉ UN MÉGA RAYON LASER TOUT JAUNE, COMME UN PASTAGA, QUI M'A ASPIRÉ DANS LE VAISSEAU SPATIAL... COMME ÇA... ZOUP !!
LES MARTIENS, À L'INTÉRIEUR, ON AURAIT DIT QU'ILS RESSEMBLAIENT À DES SAUCISSONS SECS, ET APRÈS ILS M'ONT FAIT DES TAS D'EXPÉRIENCES DE SCIENCE ET PUIS ILS ONT SUCÉ MON CERVEAU...
ET PUIS APRÈS, ILS M'ONT FAIT BOIRE DES LITRES ET DES LITRES DE PINARD POUR QUE J'OUBLIE TOUT... !
ET PUIS APRÈS, SOUDAIN, ILS M'ONT RENVOYÉ SUR TERRE MAIS MA FEMME ELLE A JAMAIS VOULU ME CROIRE...
JAMAIS !!
APEROVNI: LE MAGAZINE DES PHENOMENES ETRANGES ET DE L'ALCOOL.
POURTANT, TOUS LES VENDREDIS QU'ILS M'ONT FAIT ÇA LES MARTIENS !!
PENDANT 30 ANS !!!
JAMAIS ELLE M'A VOULU ME CRU !!
C'EST P...PASSIONNANT JEAN-CLAUDE !!
AH BIN MOI AUSSI LES MARTIENS DE JUPITER ILS M'ONT FAIT DES EXPÉRIENCES DE SCIENCE DANS LE CERVEAU !!
ENCULÉS DE MARTIENS !
MOLCOM 2010

ALLONS QUOI PATRON!! HIPS!! V..VOUS ALLEZ BIEN EN REMETTRE UN P'TIT DERNIER À UN VISITEUR DE L'ESPACE QUI VIENT DE L'AUTRE.. HIPS.. DE L'AUTRE BOUT DE L'UNIVERS!?
CERTAINEMENT PAS.. TU PAYES DABORD C'QUE TU DOIS VIEUX SAC À GNOLE SI TU VEUX PAS QUE J'TE DÉFRISE LE FION À COUPS DE 46 FILLETTE!!
MAIS PUISQUE J'VOUS DIS QUE J'VIENS D'UNE AUTRE PLANÈTE ET QU'ON UTILISE PAS LA MÊME MONNAIE QUE VOUS BORDEL DE MERDE!!!
HIPS!!
C'EST ÇA! EH BIN RETOURNE SUR PLUTON CUVER TA VINASSE ET TROUVES-Y UN DISTRIBUTEUR CONNARD!!
ENFOIRÉ!! TU M'VERRAS PLUS JAMAIS DANS TON RADE POURRI ET HIPS.. MÊME QUE J'VAIS DÉTRUIRE TA PLANÈTE DE MERDE!!
ALORS QUOI GÉNÉRAL!?
Ç..Ç..ÇA VIENT CETTE FOUTUE T..T..T..TÉL..TÉLÉ TÉLÉTRANSPORTATION OUI OU QUOI?!!
J'AI..T..TERMINÉ MA MISSION MOI BORDEL!!
HÉ HO ÇA VA!! HIPS! ARRÊTE DE GUEULER DÉDÉ!!
DEUX SECONDES!! J'ÉTAIS EN TRAIN DE M'EN SERVIR UN P'TIT!!!
SUR CETTE PLANÈTE NON PLUS.. ILS..ILS REFUSENT DE..DE..HIPS DE NOUS PRENDRE AU SÉRIEUX HIPS!!
AH LES CONS!!
HIPS
TÉ..TÉ..TÉLÉTRANSPORTEZ DÉDÉ À BORD ET DÉTRUISEZ-MOI CETTE PLANÈTE À LA CON!!
À VOS ORDRES!!
MO/CDM

QU'EST-CE QUE TU DIS ?
JE DISAIS "C'EST LA FIN DU MONDE MÉMÉ !"
LES MAYAS SONT FORMELS ! LE MONDE VA CREVER !! LE FRIC NE SERVIRA PLUS À RIEN ! ON VA TOUS DISPARAÎTRE !
DONC TU PEUX ME FILER TA CARTE BLEUE ET TON CODE, ÇA TE FERA DE LA PLACE DANS TON SAC VU QUE ÇA SERT PLUS À RIEN...
TU ME PRENDS VRAIMENT POUR UNE CONNE HEIN MOMO ? LA VIEILLE, J'VAIS LUI RACONTER N'IMPORTE QUOI ET COMME ELLE EST SÉNILE J'VAIS RÉCUPÉRER SON POGNON HEIN ?
TU VEUX DU FRIC MOMO ? VA BOSSER FEIGNASSE !
ET MERDE !
JE DIS C'EST LA FIN DU MONDE ! C'EST LES MAYAS QUI L'ONT DIT... ON VA TOUS CREVER, ALORS TU PEUX ME LE DIRE MAINTENANT...
T'AVAIS COUCHÉ AVEC MA SŒUR FINALEMENT ALORS OU PAS ?
QU'EST-CE QUE TU DIS ?
MO/CDM

L'UNIVERS...
LE COSMOS...
LA GALAXIE !!
LA CONSCIENCE
L'INCONSCIENCE,
LA PENSÉE...
LE MONDE,
L'EXISTENCE,
LA VIE...
TOUS CES TERMES UN PEU COMPLIQUÉS PEUVENT VOUS SEMBLER LÉGÈREMENT ABSTRAITS POUR NE PAS DIRE ABSCONS...
AH AH AH... VOUS ÊTES PAS TRÈS PHILO, C'EST TOUT...
CAR EN RÉALITÉ, IL N'EN EST RIEN... POUR PEU QUE L'ON FASSE UN MINIMUM D'EFFORTS EN SE POSANT LES BONNES QUESTIONS...
TOUT CECI EST EXTRÊMEMENT SIMPLE ET CLAIR...
C'EST MÊME SUPER FASTOCHE, C'EST...
AARHH !!
MON COEUR PUTAIN DE MERDE !!
ARHH ! NON... NE...
ME LÂCHE PAS ENFOIR...
MO/CDM

ET MERDE !
Y'A PLUS PERSONNE A SURVEILLER DEHORS... !
ON EST PEUT ÊTRE TROP DE FLICS ?
UN VOLONTAIRE POUR FAIRE LE TYPE QUI SE BALADE ?
MO/CDM

ALORS ?
ÇA VOUS A PLU BANDE DE **DÉVIANTS** TERRESTRES ?
VOUS RIEZ DE VOS PROPRES **ÂNERIES** ?
BRAVO !!
VOICI DONC VENUE L'HEURE DE VOTRE **CHÂTIMENT**...
AH ?
LE TEMPS SE GÂTE !!
AU SOLEIL SUCCÈDENT LA PLUIE ET L'ORAGE, QUI À LEUR TOUR FERONT PLACE AU BEAU TEMPS...
RIEN DE PLUS **NATUREL** ET POURTANT...
SOLEIL, PLUIE, JOUR, NUIT VIE, MORT, ÉCLIPSE, AURORE-BORÉALE, CYCLONE, TREMBLEMENT DE TERRE...
C'EST POUR COLMATER LES BRÈCHES SIDÉRALES DE NOS CONNAISSANCES QUE DE TOUT TEMPS...
...CERTAINS D'ENTRE NOUS ONT EU BESOIN DE CRÉER **L'INTERLOCUTEUR PARFAIT**...
MONSIEUR RÉPONSES À **TOUT** !
TU VOIS PETIT, CE QUE TU DIS LÀ ME FAIT DRÔLEMENT **PLAISIR** !
CELA PROUVE QUE JE T'AI BIEN **RÉUSSI** !
QUE VOULEZ-VOUS **DIRE** ?
LES CRÉATURES DOCILES ET OBÉISSANTES NE M'INTÉRESSENT PAS...
EN REVANCHE, OBSERVER LA CERTITUDE AVEC LAQUELLE TU PENSES ÊTRE À L'**ORIGINE** DE MON **EXISTENCE** EST LA PREUVE INCONTESTABLE DE L'ABSOLUE SOPHISTICATION DE TON CERVEAU QUE **MOI**, J'AI CONÇU...
...ET DONC DE MON **TALENT** !!

PHILOSOPHE...
JE SUIS TON PÈRE !!
CERTAINEMENT PAS.
C'EST MOI QUI T'AI CRÉÉ...
C'EST NOUS LES HOMMES.
AVANT NOUS TU N'EXISTAIS PAS.
SI
SI !
SI !!
SI !!!
NAN.
NAN !!
NAN !!
NAAN !!
?
?
??
???
MO/CDM

Du même auteur (scénario et dessin) :

éditions Fluide Glacial

Forbidden Zone

1 - Forbidden Zone
2 - La théorie du chaos
3 - Intelligence artificielle
4 - Réactions en chaîne

Klebar

1 - Klébar le chien
2 - Le départ de Patrick

éditions Le Lombard

Spoot et Nik

éditions La Sirène

Combines Martiennes
Space Vaudeville
Klebar

1 - Klébar
2 - Klébar le retour

Du même auteur (scénario) :

éditions Fluide Glacial

Cosmik Roger (dessin JU/cdm)

2 - Une planète sinon rien
3 - Cosmik Roger contre le général Gore
4 - Le rendez-vous des anneaux
5 - Les 12 travaux de Cosmik Roger
6 - Tragical Cosmik Tour

éditions Le Lombard

Les Blattes (dessin Gaël)

1 - Les Blattes on Tour
2 - Backstage
3 - Single

éditions La Sirène

Matmatou (dessin Gaudin)

1 - Matmatou retombe toujours sur ses pattes
2 - Matmatou sort ses griffes
3 - Matmatou à la plage
4 - Matmatou fait le gros dos
5 - Du mou pour Matmatou

éditions Albin Michel

Matmatou (dessin Gaudin)

Une vie de chat

Dépôt légal : janvier 2011
ISBN : 9782755606843
Imprimé en france (PPO)